Impressum
Verlag: BABADADA GmbH, Nedderfeld 112 , 22529 Hamburg
Geschäftsführer / Verlagsleitung: Harald Hof
Druck: Books on Demand GmbH, In de Tarpen 42, 22848 Norderstedt

Imprint
Publisher: BABADADA GmbH, Nedderfeld 112 , 22529 Hamburg, Germany
Managing Director / Publishing direction: Harald Hof
Print: Books on Demand GmbH, In de Tarpen 42, 22848 Norderstedt, Germany

школа
სკოლა

ділити
გაყოფა

186/2

дошка
დაფა

класна кімната
საკლასო ოთახი

шкільний двір
სკოლის ეზო

вчитель
მასწავლებელი

папір
ქაღალდი

писати
წერა

ручка
კალამი

письмовий стіл
მაგიდა

лінійка
სახაზავი

книга
წიგნი

учень
მოსწავლე

ранець

ზურგჩანთა

пенал

პენალი

олівець

ფანქარი

точило

ფანქრების სათლელი

гумка

საშლელი

альбом для малювання

ნახატების ალბომი

малюнок

ნახატი

пензель

ფუნჯი

коробка фарб

საღებავის ყუთი

ножиці

მაკრატელი

клей

წებო

зошит

სავარჯიშო რვეული

домашнє завдання

საშინაო დავალება

12

число

ნომერი

2+2

додавати

დამატება

5-2

віднімати

გამოკლება

2×2

множити

გამრავლება

рахувати

გამოთვლა

A

літера

წერილი

ABCDEFG
HIJKLMN
OPQRSTU
VWXYZ

абетка

ანბანი

hello

слово

სიტყვა

текст

ტექსტი

читати

წაკითხვა

крейда

ცარცი

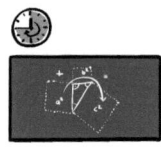

година

გაკვეთილი

класний журнал

რეგისტრაცია

екзамен

გამოცდა

диплом

სერტიფიკატი

шкільна форма

სკოლის ფორმა

освіта

განათლება

лексикон

ენციკლოპედია

університет

უნივერსიტეტი

мікроскоп

მიკროსკოპი

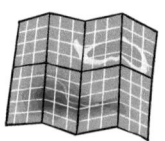

карта

რუქა

кошик для паперу

კალათა ნარჩენი ქაღალდებისათვის

подорож
მოგზაურობა

готель
სასტუმრო
турбаза
ჰოსტელი
обмінний пункт
ვალუტის გადაცვლის პუნქტი
валіза
ჩემოდანი
автомобіль
მანქანა

мова

ენა

так / ні

კი / არა

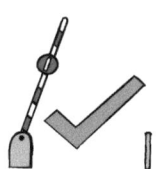

добре

კარგი

привіт

გამარჯობა

перекладач

მთარგმნელი

дякую

გმადლობთ

Скільки коштує ...?

რა ღირს... ?

Я не розумію

ვერ გავიგე

проблема

პრობლემა

Добрий вечір!

აღამო მშვიდობისა!

Доброго ранку!

დილა მშვიდობისა!

На добраніч!

ღამე მშვიდობისა!

До побачення

ნახვამდის

напрямок

მიმართულება

багаж

ბარგი

сумка

ჩანთა

рюкзак

ზურგჩანთა

гість

სტუმარი

кімната

ოთახი

спальний мішок

საძილე ტომარა

намет

კარავი

туристична інформація

ურისტული ინფორმაცია

пляж

სანაპირო

кредитна картка

საკრედიტო ბარათი

сніданок

საუზმე

обід

ლანჩი

вечеря

ვახშამი

квиток

ბილეთი

ліфт

ლიფტი

поштова марка

საფოსტო მარკა

межа

საზღვარი

митниця

საბაჟო

посольство

საელჩო

віза

ვიზა

паспорт

პასპორტი

транспорт
ტრანსპორტი

літак
თვითმფრინავი
корабель
გემი
пожежна машина
სახანძრო მანქანა
автобус
ავტობუსი
вантажний автомобіль
სატვირთო მანქანა
моторний човен
მოტორიზებული ნავი
велосипед
ველოსიპედი
автомобіль
მანქანა

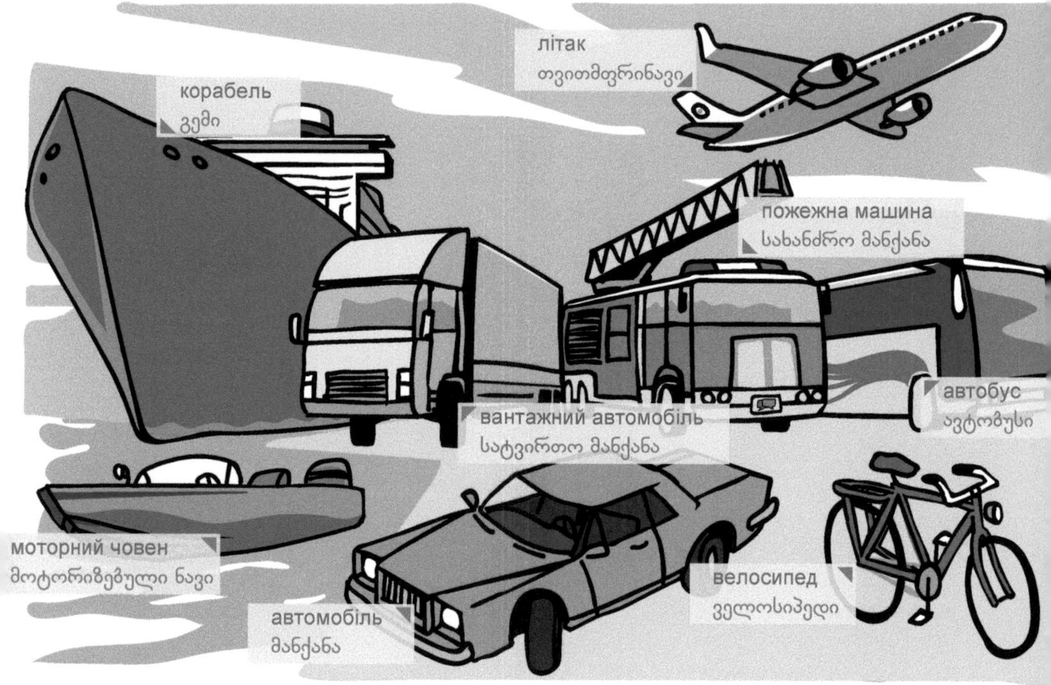

пором
ბორანი

човен
ნავი

мотоцикл
მოტოციკლი

поліцейська машина
პოლიციის მანქანა

гоночний автомобіль
სარბოლო მანქანა

автомобіль на прокат
დაქირავებული მანქანა

льне користування авто

მანქანის ერთობლივი მოხმარება

евакуатор

საბუქსირე მანქანა

сміттєвоз

ნაგვის მანქანა

двигун

ძრავა

паливо

საწვავი

автозаправна станція

ბენზინგასამართი სადგური

дорожній знак

საგზაო ნიშანი

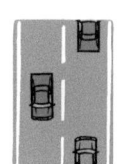

рух

მოძრაობა

затор

საცობი

стоянка

მანქანის სადგომი

вокзал

მატარებლის სადგური

рейки

ლიანდაგები

потяг

მატარებელი

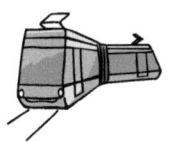

трамвай

ტრამვაი

вагон

ვაგონი

гелікоптер

ვერტმფრენი

аеропорт

აეროპორტი

вежа

კოშკი

пасажир

მგზავრი

контейнер

კონტეინერი

коробка

მუყაოს ყუთი

візок

ურიკა

кошик

კალათა

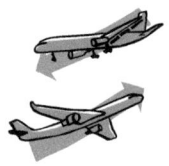

стартувати / приземлятися

აფრენა / დაშვება

місто

ქალაქი

село

სოფელი

центр міста

ქალაქის ცენტრი

дім

სახლი

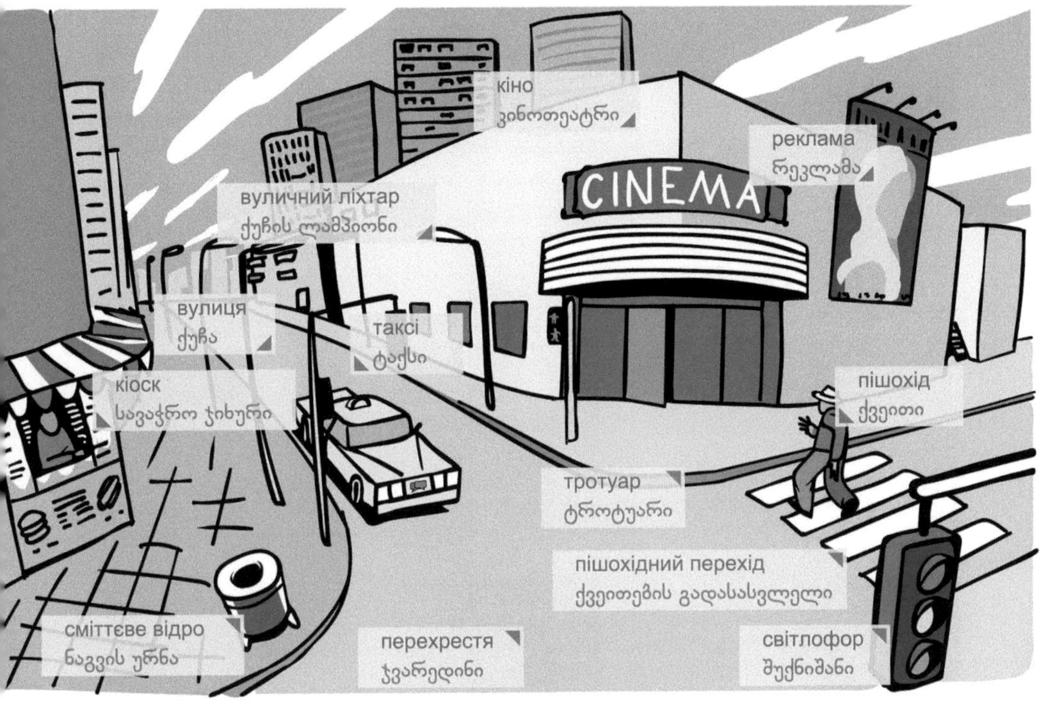

CINEMA

кіно — კინოთეატრი
реклама — რეკლამა
вуличний ліхтар — ქუჩის ლამპიონი
вулиця — ქუჩა
таксі — ტაქსი
кіоск — საგაზეთო ჯიხური
пішохід — ქვეითი
тротуар — ტროტუარი
пішохідний перехід — ქვეითების გადასასვლელი
сміттєве відро — ნაგვის ურნა
перехрестя — ჯვარედინი
світлофор — შუქნიშანი

хатина

ქოხი

квартира

ბინა

вокзал

მატარებლის სადგური

ратуша

მუნიციპალიტეტი

музей

მუზეუმი

школа

სკოლა

університет

უნივერსიტეტი

банк

ბანკი

лікарня

საავადმყოფო

готель

სასტუმრო

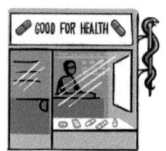

аптека

აფთიაქი

офіс

ოფისი

книжковий магазин

წიგნების მაღაზია

магазин

მაღაზია

квітковий магазин

ფლორისტი

супермаркет

სუპერმარკეტი

ринок

ბაზარი

універмаг

მაღაზიის განყოფილება

торговець рибою

თევზის გამყიდველი

торговельний центр

სავაჭრო ცენტრი

гавань

ნავსადგომი

парк

პარკი

лава

გრძელი სკამი

міст

ხიდი

сходи

კიბეები

метро

მიწისქვეშა გადასასვლელი

тунель

გვირაბი

автобусна зупинка

ავტობუსის გაჩერება

бар

ბარი

ресторан

რესტორანი

поштова скринька

საფოსტო ყუთი

вулична табличка

ქუჩის ნიშანი

лічильник паркування

პარკინგის საზომი

зоопарк

ზოოპარკი

басейн

საცურაო აუზი

мечеть

მეჩეთი

ферма

ფერმა

забруднення навколишнього середовища

გარემოს დაბინძურება

кладовище

სასაფლაო

церква

ეკლესია

дитячий майданчик

საბავშვო მოედანი

храм

ტაძარი

ландшафт

ლანდშაფტი

листок
ფოთოლ
ი
вказівний стовп
გზის მანიშნებელი ნიშანი
шлях
გზა
луг
მდელო
камінь
ქვა
мандрівник
მოგზაური
дерево
ხე
річка
მდინარე
трава
ბალახი
квітка
ყვავილი

долина

ხეობა

гора

გორაკი

озеро

ტბა

ліс

ტყე

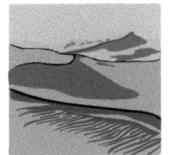

пустеля

უდაბნო

вулкан

ვულკანი

замок

ციხე

веселка

ცისარტყელა

гриб

სოკო

пальма

პალმა

комар

კოღო

муха

ბუზი

мурашка

ჭიანჭველა

бджола

ფუტკარი

павук

ობობა

жук

ხოჭო

жаба

ბაყაყი

вивірка

ციყვი

їжак

ზღარბი

заєць

კურდღელი

сова

ბუ

птах

ფრინველი

лебідь

გედი

кабан

ტახი

олень

ირემი

лось

ცხენ-ირემი

гребля

კაშხალი

вітряк

ქარის ტურბინა

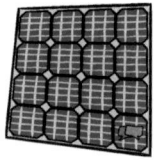

сонячний модуль

მზის ბატარეა

клімат

კლიმატი

ресторан
რესტორანი

офіціант
მიმტანი
меню
მენიუ
стілець
სკამი
суп
სუპი
піца
პიცა
столові прилади
დანა-ჩანგალი
скатертина
მაგიდაზე გადასაფარებელი

закуска

საუზმე

друга страва

მთავარი კერძი

десерт

დესერტი

напої

დასალევი

їжа

საჭმელი

пляшка

ბოთლი

фаст-фуд

სწრაფი კვება

вулична їжа

ქუჩის საჭმელი

чайник

ჩაიდანი

цукорниця

საშაქრე

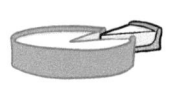

порція

პორცია

еспресо-машина

ესპრესოს მანქანა

високий стільчик

მაღალი სკამი

рахунок

ანგარიში

піднос

ლანგარი

ніж

დანა

вилка

ჩანგალი

ложка

კოვზი

чайна ложка

ჩაის კოვზი

серветка

ხელსახოცი

склянка

ჭიქა

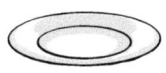

тарілка

თეფში

тарілка для супу

სუპის თეფში

блюдце

ჩაის ლამბაქი

соус

საწებელი

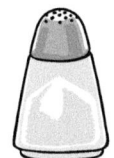

солонка

სამარილე

млин для перцю

წიწაკის საფქვავი

оцет

ძმარი

масло

ზეთი

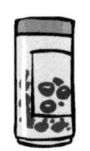

спеції

სანელებლები

кетчуп

კეტჩუპი

гірчиця

მდოგვი

майонез

მაიონეზი

супермаркет
სუპერმარკეტი

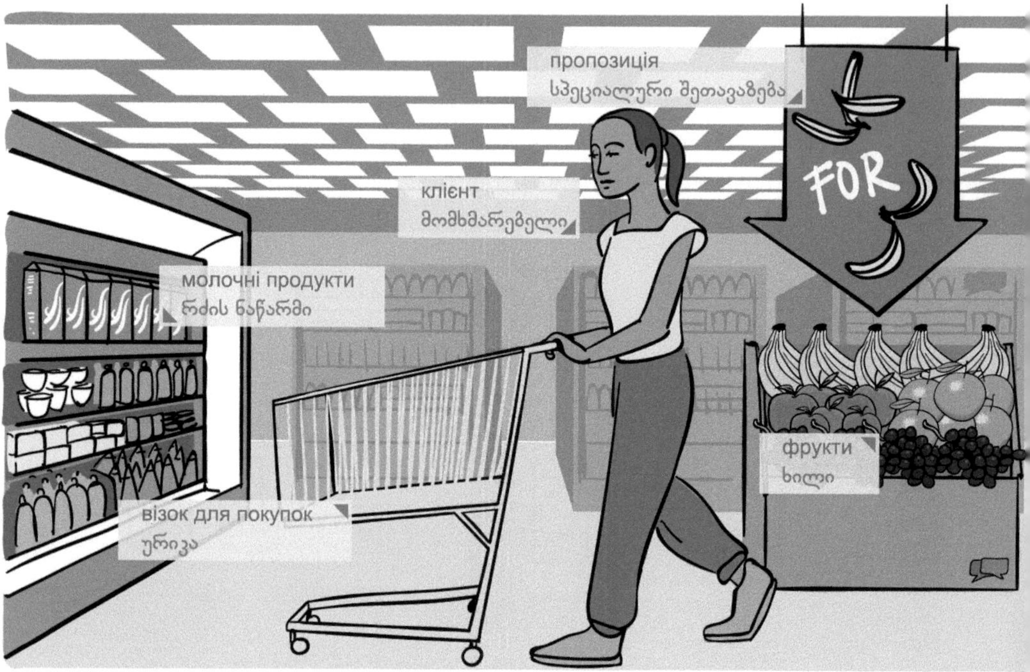

пропозиція
სპეციალური შეთავაზება
FOR
клієнт
მომხმარებელი
молочні продукти
რძის ნაწარმი
фрукти
ხილი
візок для покупок
ურიკა

BUTCHERS

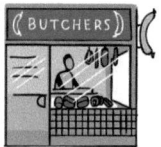

м'ясний магазин

საყასბო

BAKERY

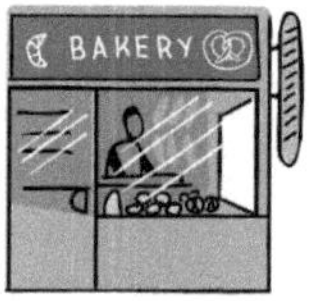

пекарня

საცხობი

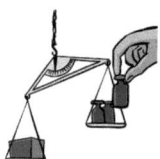

зважувати

აწონვა

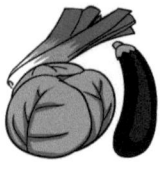

овочі

ბოსტნეული

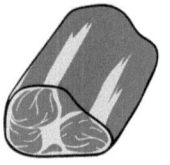

м'ясо

ხორცი

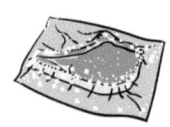

заморожені продукти

გაყინული საკვები

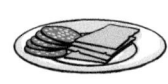

ковбасна нарізка

გრილი ხორცი

консерви

კონსერვები

пральний порошок

სარეცხი ფხვნილი

солодощи

ტკბილეული

предмети домашнього побуту

საყოფაცხოვრებო პროდუქტები

мийний засіб

სარეცხი საშუალებები

продавщиця

გამყიდველი

каса

სალარო

касир

მოლარე

список покупок

საყიდლების სია

часи роботи

მუშაობის საათები

гаманець

პორტმანი

кредитна картка

საკრედიტო ბარათი

сумка

ჩანთა

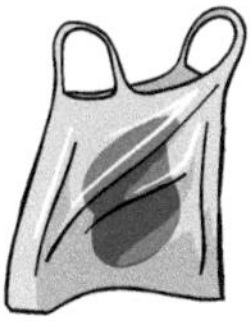

поліетиленовий пакет

პლასტიკური პარკი

напої

დასალევი

вода

წყალი

сік

წვენი

молоко

რძე

кола

კოკა-კოლა

вино

ღვინო

пиво

ლუდი

алкоголь

ალკოჰოლი

какао

კაკაო

чай

ჩაი

кава

ყავა

еспресо

ესპრესო

капучіно

კაპუჩინო

їжа

საჭმელი

банан

ბანანი

яблуко

ვაშლი

апельсин

ფორთოხალი

кавун

საზამთრო

лимон

ლიმონი

морква

სტაფილო

часник

ნიორი

бамбук

ბამბუკი

цибуля

ხახვი

гриб

სოკო

горішки

კაკალი

локшина

ატრია

спагеті

სპაგეტი

рис

ბრინჯი

салат

სალათი

картопля фрі

ჩიპსები

смажена картопля

შემწვარი კარტოფილი

піца

პიცა

гамбургер

ჰამბურგერი

бутерброд

სენდვიჩი

шніцель

კოტლეტი

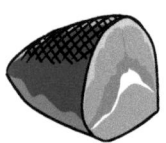

шинка

ლორი

салямі

სალიამი

ковбаса

ძეხვი

курка

წიწილა

печеня

შემწვარი ხორცი

риба

თევზი

вівсяні пластівці

შვრიის ფაფა

мюслі

მუსლი

кукурудзяні пластівці

სიმინდის ფანტელები

борошно

ფქვილი

круасан

კრუასანი

булочка

ბულკი

хліб

პური

тостовий хліб

ტოსტი

печиво

ნამცხვრები

масло

კარაქი

сир

ხაჭო

пиріг

ტორტი

яйце

კვერცხი

яєчня

ერბო-კვერცხი

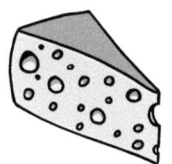

сир

ყველი

морозиво

ნაყინი

цукор

შაქარი

мед

თაფლი

мармелад

ჯემი

нуга-крем

შოკოლადის კრემი

карі

კარი

ферма
ფერმა

сільський будинок
სოფლის სახლი
комора
თავლა
солом'яні тюки
ჩალის შეკვრა
поле
ყანა
кінь
ცხენი
причіп
მისაბმელი
лоша
კვიცი
трактор
ტრაქტორი
віслюк
ვირი
вівця
ცხვარი
ягня
ცხვარი

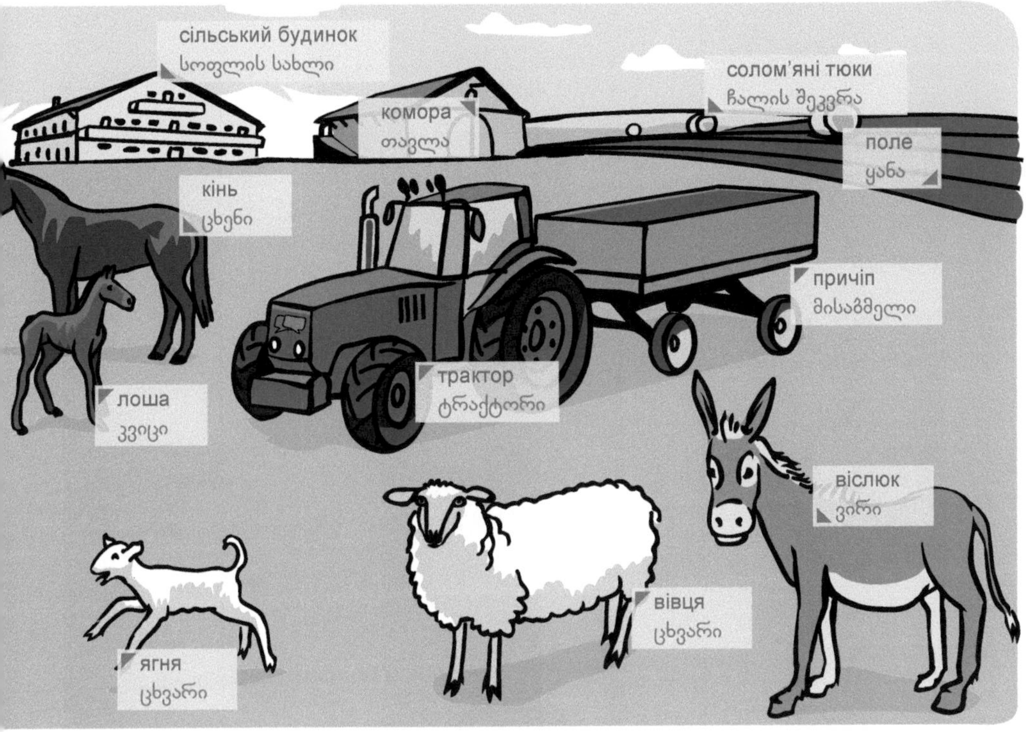

коза

თხა

корова

ძროხა

теля

ხბო

свиня

ღორი

порося

გოჭი

бик

ხარი

гусак

ბატი

качка

იხვი

курча

წიწილა

курка

ქათამი

півень

მამალი

щур

ვირთხა

кіт

კატა

миша

თაგვი

віл

ხარი

собака

ძაღლი

собача будка

საძაღლე

садовий шланг

ბაღის შლანგი

лійка

საბაღე წურწურა

коса

ცელი

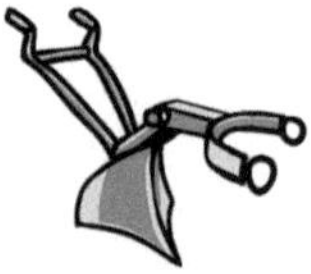

плуг

გუთანი

серп

ნამგალი

мотика

თოხი

вила

პატივის სახვეტი ჩანგალი

сокира

ცული

тачка

მაზიდი

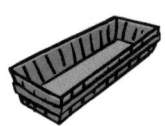

корито

გობი

бідон молока

რძის ბიდონი

мішок

ტომარა

паркан

ღობე

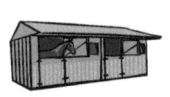

хлів

ბოსელი

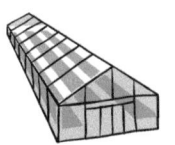

теплиця

სათბური

ґрунт

ნიადაგი

насіння

თესლი

добриво

სასუქი

комбайн

მოსავლის ამღები კომბაინი

пожинати

მოსავლის აღება

урожай

მოსავალი

корінь ямсу

იამი

пшениця

ხორბალი

соя

სოიო

картопля

კარტოფილი

кукурудза

სიმინდი

ріпак

სარეველას თესლი

плодове дерево

ხეხილი

маніок

მანიოკი

злаки

მარცვლეული

дім
სახლი

димохід
ბუხარი
дах
სახურავი
водостічний лоток
წყალსადინარი მილი
вікно
ფანჯარა
гараж
ავტოფარეხი
дзвінок
კარის ზარი
двері
კარი
відро для сміття
ნაგვის ყუთი
поштова скринька
საფოსტო ყუთი
сад
ბაღი

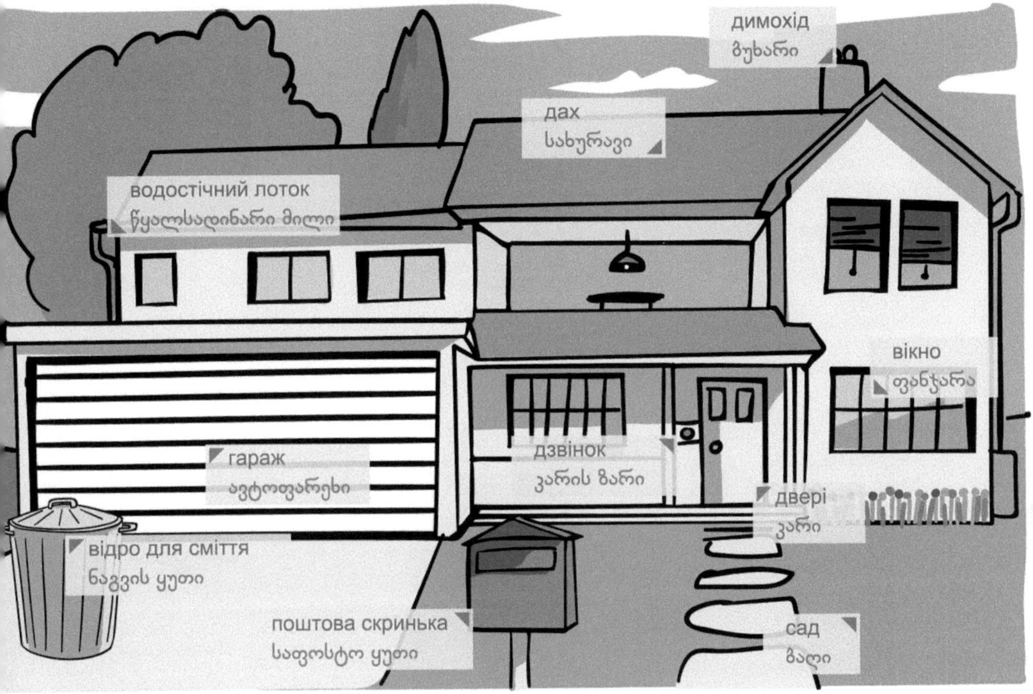

вітальня

მისაღები ოთახი

ванна кімната

აბაზანა

кухня

სამზარეულო

спальня

საძინებელი

дитяча кімната

საბავშვო ოთახი

їдальня

სასადილო ოთახი

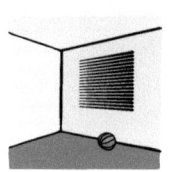

підлога

სართული

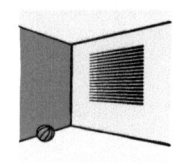

стіна

კედელი

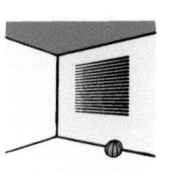

стеля

ჭერი

підвал

სარდაფი

сауна

საუნა

балкон

აივანი

тераса

ტერასა

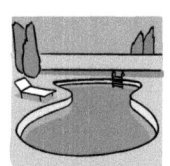

басейн

აუზი

косарка

გაზონის საკრეჭი

простирало

საბნის კონვერტი

ковдра

საწოლი

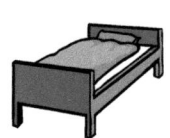

ліжко

ლოგინი

мітла

ცოცხი

відро

სათლი

перемикач

გადამრთველი

вітальня
მისაღები ოთახი

шпалери
შპალერი
малюнок
ნახატი
лампа
ნათურა
поличка
თარო
шафа
კარადა
телевізор
ტელევიზორი
камін
ბუხარი
квітка
ყვავილი
подушка
ბალიში
диван
დივანი
ваза
ვაზა
пульт
დისტანციური მართვა

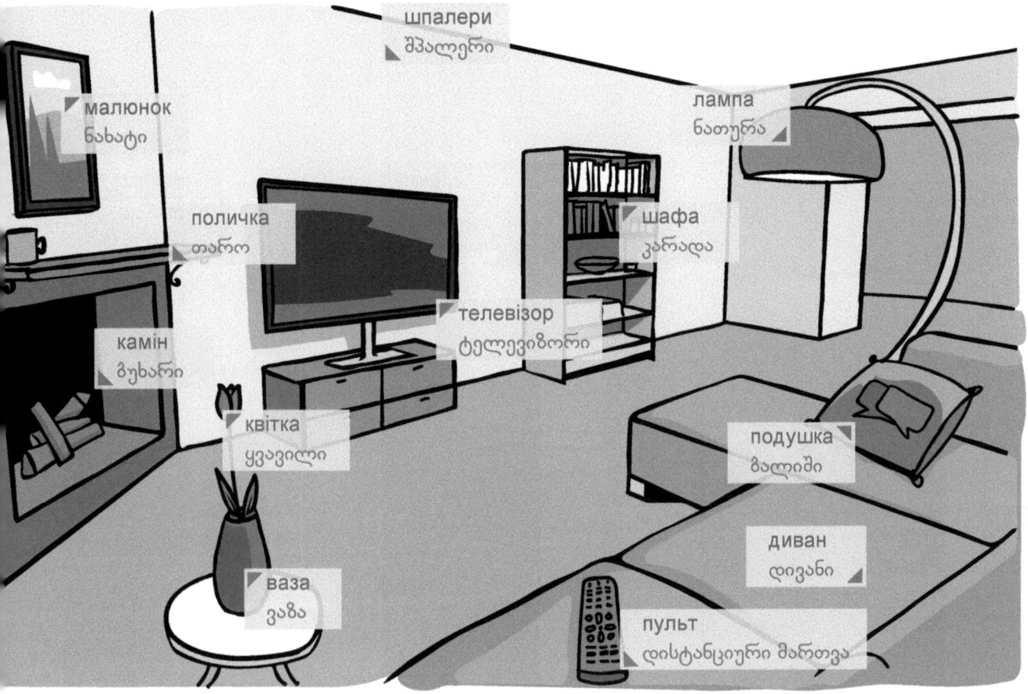

килим

ხალიჩა

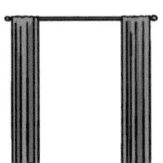

завіса

ფარდა

стіл

მაგიდა

стілець

სკამი

крісло-гойдалка

სარწეველა სკამი

крісло

სავარძელი

книга

წიგნი

ковдра

საბანი

прикраса

დეკორაცია

дрова

შეშა

фільм

ფილმი

стереосистема

hi-fi მოწყობილობები

ключ

გასაღები

газета

გაზეთი

картина

ფერწერა

плакат

პლაკატი

радіо

რადიო

блокнот

ბლოკნოტი

пилосос

მტვერსასრუტი

кактус

კაქტუსი

свічка

სანთელი

სამზარეულო

სამზარეულო

холодильник
მაცივარი
мікрохвильова піч
მიკრო-ტალღური ღუმელი
кухонні ваги
სამზარეულოს სასწორი
тостер
ტოსტერი
мийний засіб
სარეცხი საშუალება
піч
ღუმელი
морозильне відділення
საყინულე
відро для сміття
ნაგვის ყუთი
посудомийна машина
ჭურჭლის სარეცხი მანქანა

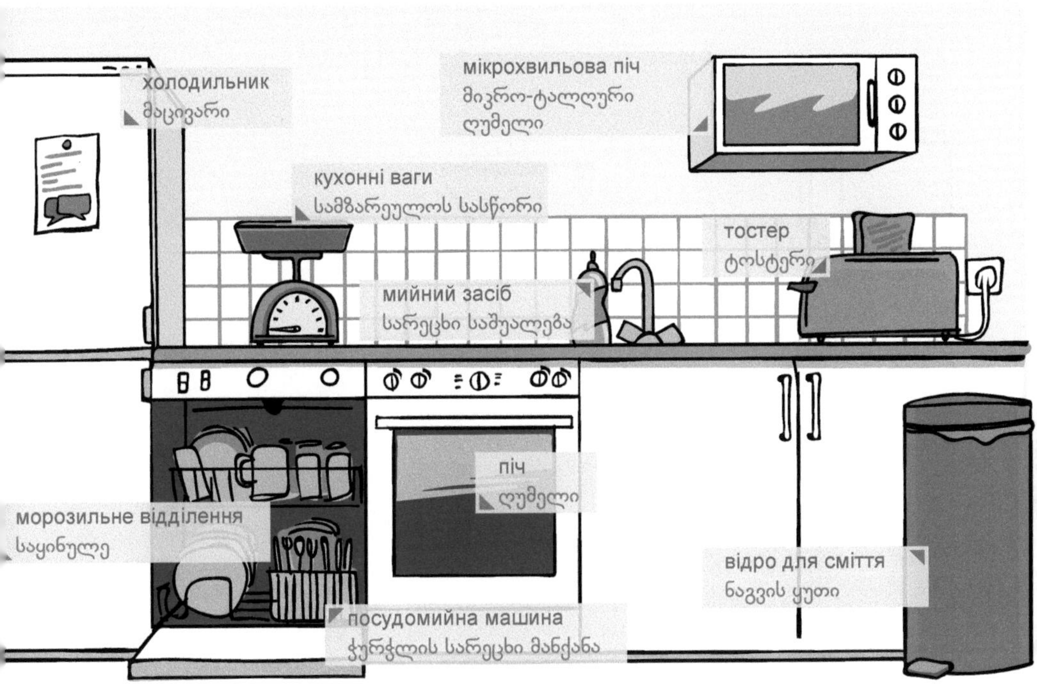

плита

გაზქურა

горщик

ქოთანი

чавунний горщик

თუჯის ქვაბი

вок / кадай

ტაფა ამობერილი ფსკერით

сковорода

ტაფა

чайник

ჩაიდანი

кухня - სამზარეულო 35

пароварка

ორთქლსახარში

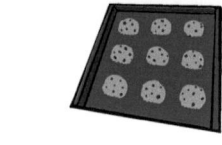

лист

საცხობი ლანგარი

посуд

ჭურჭელი

кухоль

კათხა

чаша

თასი

палички для їжі

ჩინური ჩხირები

черпак

ჩამჩა

лопатка

ფირთხი

вінчик для збивання

სათქვეფელა

сито

საწური

сито

საცერი

терка

სახეხი

ступка

სანაყი

барбекю

გრილი

багаття

კოცონი

дошка

დაფა

качалка

საგორავი

штопор

ბურღი

консерва

ქილა

відкривачка

ქილის გასახსნელი

прихватки

ქოთნის დამჭერი

раковина

ნიჟარა

щітка

ფუნჯი

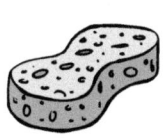

губка

ღრუბელი

міксер

ბლენდერი

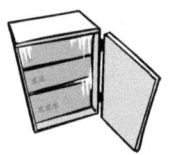

морозильна камера

საყინულე კამერა

дитяча пляшка

საბავშვო ბოთლი

кран

ონკანი

ванна кімната

აბაზანა

опалення
გათბობა
рушник
პირსახოცი
душ
შხაპი
душова завіса
საშხაპე ფარდა
піниста ванна
ღრუბლიანი აბანო
ванна
ვანა
склянка
ჭიქა
пральна машина
სარეცხი მანქანა
кран
ონკანი
плитка
ფილები
горшок
ღამის ქოთანი
раковина
ნიჟარა

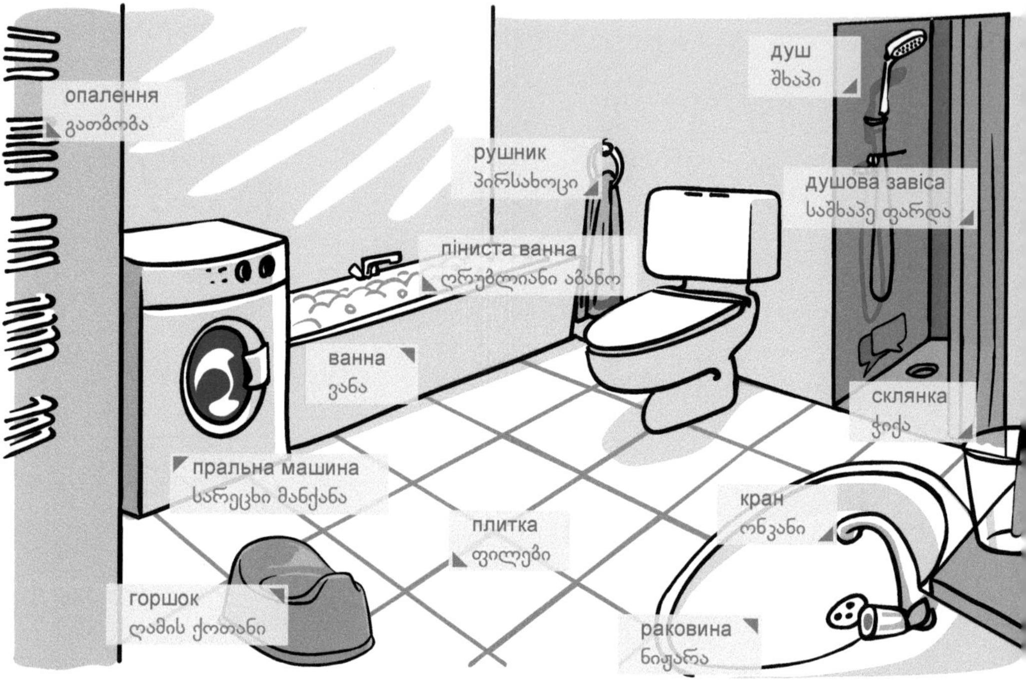

туалет

ტუალეტი

підлоговий туалет

იატაკის ტუალეტი

біде

ბიდე

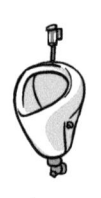

пісуар

კედლის პისუარი

туалетний папір

ტუალეტის ქაღალდი

щітка для туалету

ტუალეტის ჯაგრისი

зубна щітка

კბილის ჯაგრისი

зубна паста

კბილის პასტა

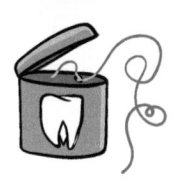

нитка для чищення зубів

კბილის ძაფი

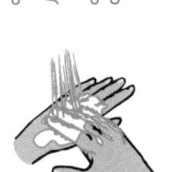

мити

რეცხვა

ручний душ

ხელის შხაპი

інтимний душ

ინტიმური შხაპი

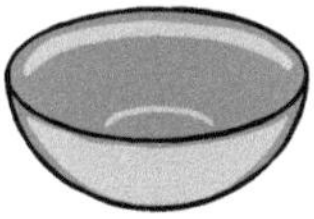

таз

ტაშტი

щітка для спини

ზურგის სახეხი ფუნჯი

мило

საპონი

гель для душу

შხაპის გელი

шампунь

შამპუნი

мочалка

ნეჭა

водостік

სანიაღვრე

крем

კრემი

дезодорант

დეოდორანტი

дзеркало

სარკე

косметичне дзеркало

ხელის სარკე

бритва

ბრიტვა

піна для гоління

საპარსი ქაფი

лосьйон після гоління

საშუალება გაპარსვის შემდეგ

гребінь

სავარცხელი

щітка

ჯაგრისი

фен

თმის საშრობი

лак для волосся

თმის ლაქი

косметика

კოსმეტიკა

губна помада

ტუჩების პომადა

лак для нігтів

ფრჩხილის ლაქი

вата

ბამბა

ножиці для нігтів

ფრჩხილის მაკრატელი

парфум

სუნამო

косметичка

კოსმეტიკის ჩანთა

табурет

ტაბურეტი

ваги

სასწორი

халат

სააბაზანო ხალათი

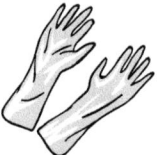

гумові рукавички

რეზინის ხელთათმანები

тампон

ტამპონი

гігієнічні прокладки

ანიტარული პირსახოცი

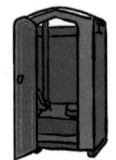

біотуалет

ბიო-ტუალეტი

дитяча кімната
საბავშვო ოთახი

будильник
მაღვიძარა
м'яка іграшка
რბილი სათამაშო
іграшковий автомобіль
სათამაშო მანქანა
брязкальце
ჩხარუნა სათამაშო
ляльковий будиночок
თოჯინების სახლი
подарунок
საჩუქარი

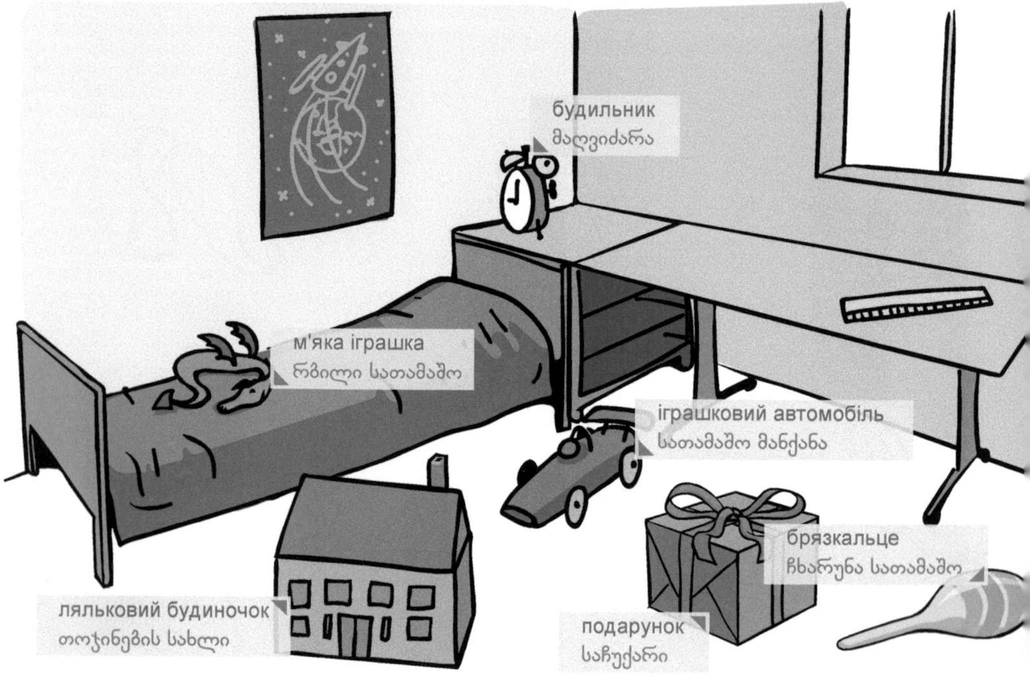

повітряна кулька

ბუშტი

ліжко

ლოგინი

дитячий візок

საბავშვო ეტლი

картярська гра

კარტის თამაში

пазл

პაზლი

комікс

კომიკსი

лего цеглинки

ლეგოს აგურები

блоки

ასაშენებელი კუბიკები

іграшкова фігурка

სათამაშო ფიგურა

повзунки

საცოცავი

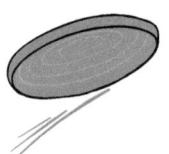

фризбі

ფრისბი

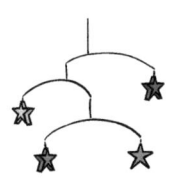

мобіле

მობილე

настільна гра

სამაგიდო თამაში

кубик

კამათელი

модель залізнична станція

რკინიგზის მოდელი

соска

საწოვარა

вечірка

წვეულება

книжка з картинками

წიგნი ნახატებით

м'яч

ბურთი

лялька

თოჯინა

грати

თამაში

пісочниця

საქვიშარი

гойдалка

საქანელა

іграшка

სათამაშოები

гральна консоль

ვიდეო თამაშის კონსოლი

триколісний велосипед

სამთვლიანი ველოსიპედი

плюшевий мішка

დათუნია

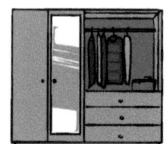

шафа

გარდეროზი

ОДЯГ
ტანსაცმელი

шкарпетки

წინდები

панчохи

ჩულქები

колготки

კოლგოტები

шарф
შარფი

ремінь
ქამარი

парасоля
ქოლგა

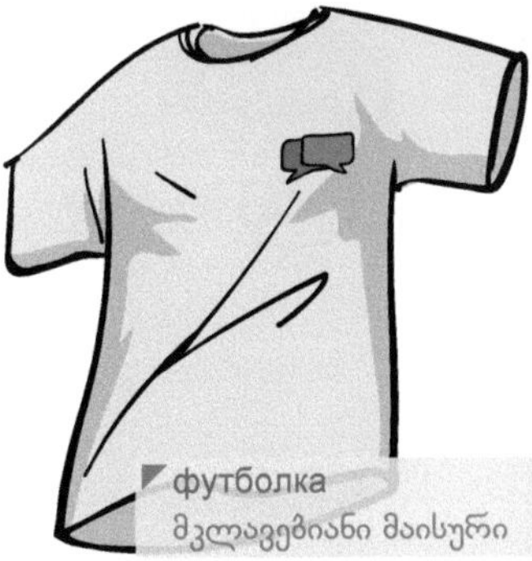

футболка
მკლავებიანი მაისური

кросівки
ბოტასები

чоботи
ფეხსაცმელი

домашнє взуття
ჩუსტები

сандалі
სანდლები

взуття
ფეხსაცმელი

гумові чоботи
რეზინის ჩექმები

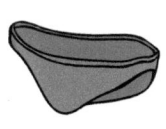

труси
ტრუსები

бюстгальтер
ბიუსჰალტერი

нижня сорочка
მაისური

боді

სხეული

штани

შარვალი

джинси

ჯინსი

спідниця

ქვედაკაბა

блузка

ბლუზი

сорочка

პერანგი

пуловер

სვიტრი

светр

კაპიუშონიანი ჟაკეტი

піджак

სპორტული ქურთუკი

куртка

ჟაკეტი

пальто

პალტო

дощовик

საწვიმარი

костюм

კოსტუმი

сукня

კაბა

весільна сукня

საქორწილო კაბა

костюм

კაცის კოსტიუმი

нічна сорочка

ღამის პერანგი

піжама

პიჟამოები

сарі

სარი

головна хустка

თავშალი

чалма

ტურბანი

бурка

ჩადრი

кафтан

ხიფთანი

абая

აბაია

купальник

საცურაო კოსტუმი

плавки

ჩემოდნები

шорти

შორტები

тренувальний костюм

სპორტული კოსტიუმი

фартух

წინსაფარი

рукавички

ხელთათმანები

гудзик

ღილი

окуляри

სათვალეები

браслет

სამაჯური

ланцюг

ყელსაბამი

кільце

ბეჭედი

сережка

საყურე

шапка

კეპი

плічка

საკიდი

капелюх

ქუდი

краватка

ჰალსტუხი

застібка-блискавка

ელვა-შესაკრავის შეკვრა

шолом

ჩაფხუტი

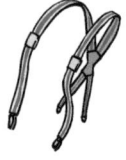

підтяжки

აჭიმი

шкільна форма

სკოლის ფორმა

уніформа

ფორმა

нагрудник

ბავშვის წინსაფარი

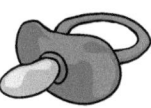

соска

საწოვარა

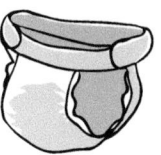

підгузок

პამპერსი

офіс

ოფისი

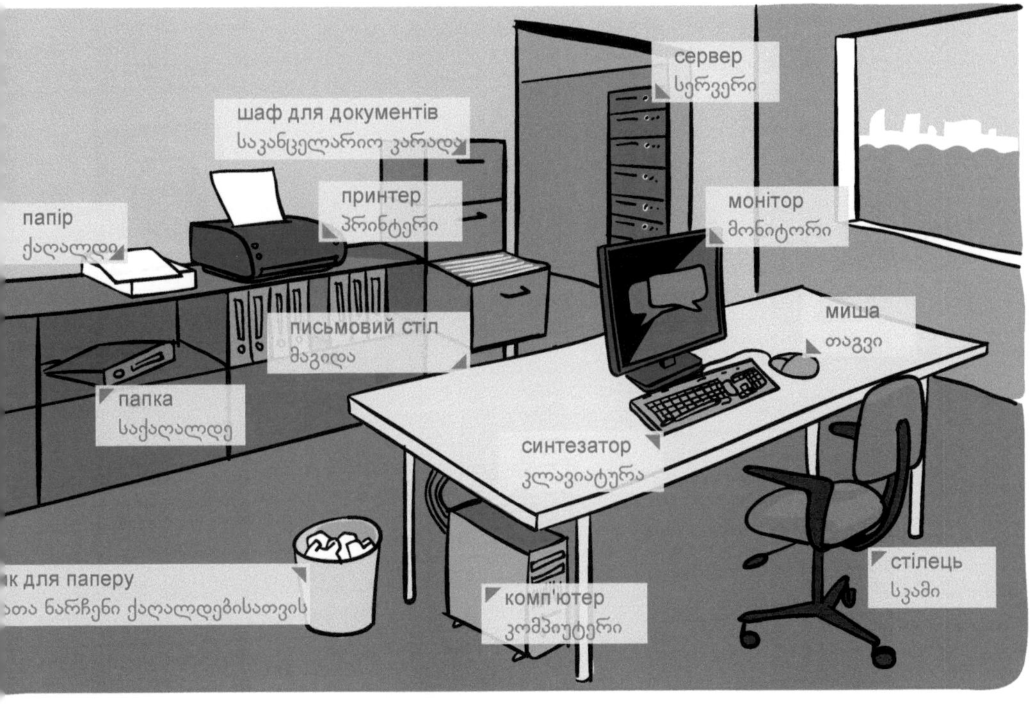

сервер
სერვერი
шаф для документів
საკანცელარიო კარადა
принтер
პრინტერი
папір
ქაღალდი
монітор
მონიტორი
миша
თაგვი
письмовий стіл
მაგიდა
папка
საქაღალდე
синтезатор
კლავიატურა
стілець
სკამი
к для паперу
ათა ნარჩენი ქაღალდებისათვის
комп'ютер
კომპიუტერი

кавовий кухоль

ყავის ფინჯანი

калькулятор

კალკულატორი

інтернет

ინტერნეტი

ноутбук

ლეპტოპი

лист

წერილი

повідомлення

მესიჯი

мобільний телефон

მობილური ტელეფონი

мережа

ქსელი

копіювальний пристрій

სკანერი

програмне забезпечення

პროგრამული
უზრუნველყოფა

телефон

ტელეფონი

розетка

როზეტი

факс

ფაქსის მანქანა

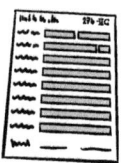

бланк

ფორმულარი

документ

დოკუმენტი

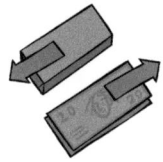

купувати

ყიდვა

платити

გადახდა

торгувати

ვაჭრობა

гроші

ფული

USD

долар

დოლარი

EUR

євро

ევრო

JPY

ієна

იენი

RUB

рубль

რუბლი

CHF

франк

შვეიცარული ფრანკი

CNY

юанів женьміньбі

ჟენმინბი იუანი

INR

рупія

რუპი

банкомат

ბანკომატი

обмінний пункт

ვალუტის გადაცვლის პუნქტი

золото

ოქრო

срібло

ვერცხლი

нафта

ნავთობი

енергія

ენერგია

ціна

ფასი

контракт

ხელშეკრულება

податок

გადასახადი

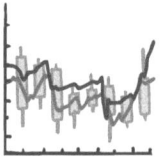

акція

აქცია

працювати

მუშაობა

працівник

თანამშრომელი

роботодавець

დამსაქმებელი

фабрика

ქარხანა

магазин

მაღაზია

професії

პროფესიები

пожежник
მეხანძრე
поліцейський
პოლიციის ოფიცერი
повар
მზარეული
лікар
ექიმი
пілот
მფრინავი

садівник

მებაღე

столяр

დურგალი

швачка

თეთრეულის მკერავი ქალბატონი

суддя

მოსამართლე

хімік

ქიმიკოსი

актор

მსახიობი

водій автобуса

ავტობუსის მძღოლი

таксист

ტაქსის მძღოლი

рибалка

მეთევზე

прибиральниця

დამლაგებელი ქალბატონი

покрівельник

სახურავის ოსტატი

офіціант

მიმტანი

мисливець

მონადირე

художник

ფერმწერი

пекар

მცხობელი

електрик

ელექტრიკოსი

будівельник

მშენებელი

інженер

ინჟინერი

забійник

ყასაბი

бляхар

სანტექნიკოსი

листоноша

ფოსტალიონი

солдат

ჯარისკაცი

архітектор

არქიტექტორი

касир

მოლარე

флорист

ფლორისტი

перукар

პარიკმახერი

кондуктор

კონდუქტორი

механік

მექანიკოსი

капітан

კაპიტანი

дантист

სტომატოლოგი

вчений

მეცნიერი

рабин

რაბინი

імам

იმამი

монах

ბერი

пастор

სასულიერო პირი

інструменти

იარაღები

молоток
ჩაქუჩი
щипці
გრტყელტუჩა
викрутка
სახრახნისი
гайковий ключ
ქანჩის გასაღები
кишеньковий
ჯიბის სანათი

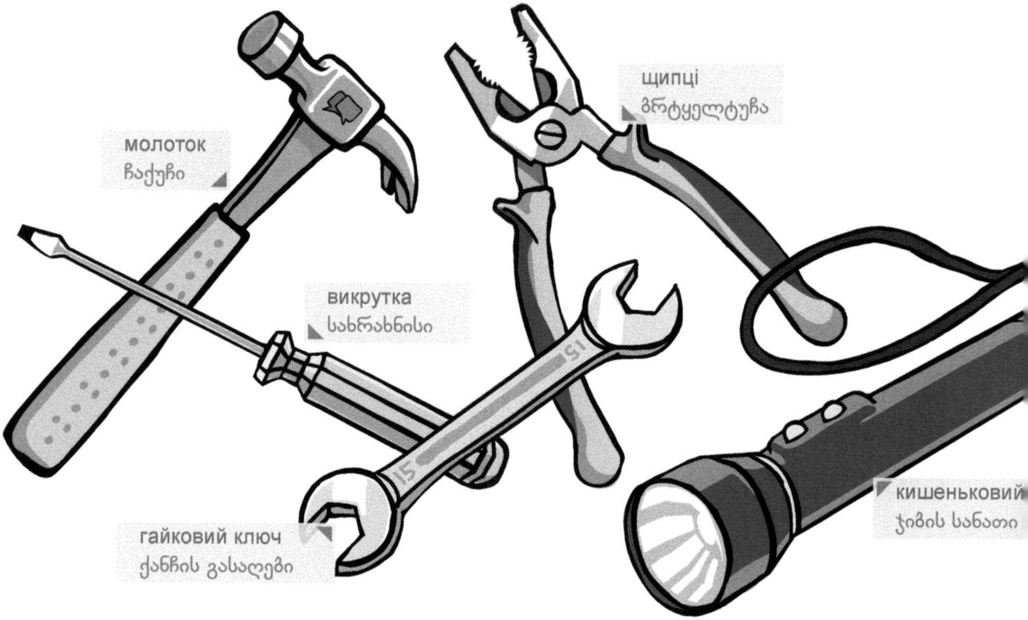

екскаватор

ექსკავატორი

ящик для інструментів

იარაღების ყუთი

драбина

კიბე

пилка

ხერხი

цвяхи

ლურსმები

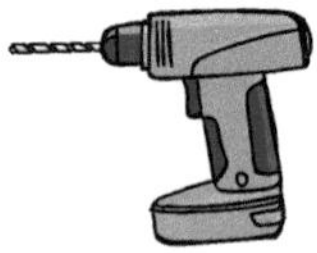

свердло

საბურღი

ремонтувати

შეკეთება

лопата

ნიჩაბი

лайно!

ანდაზა!

совок

აქანდაზი

відро з фарбою

საღებავის ქოთანი

гвинти

ხრახნები

музичні інструменти

მუსიკალური ინსტრუმენტები

ударна установка
დასარტყამი ინსტრუმენტების კრებული
динамік
რეპროდუქტორ
ი
гітара
გიტარა
контрабас
კონტრაბასი
труба
საყვირი

фортепіано

ფორტეპიანო

скрипка

ვიოლინო

бас

ბასი

литаври

ტიმპანონი

барабан

დასარტყამები

клавіатура

კლავიშები

саксофон

საქსოფონი

флейта

ფლეიტა

мікрофон

მიკროფონი

зоопарк

ზოოპარკი

тигр
ვეფხვი
вхід
შესასვლელი
клітка
გალია
зебра
ზებრა
корм
ცხოველთა საკვები
панда
პანდა

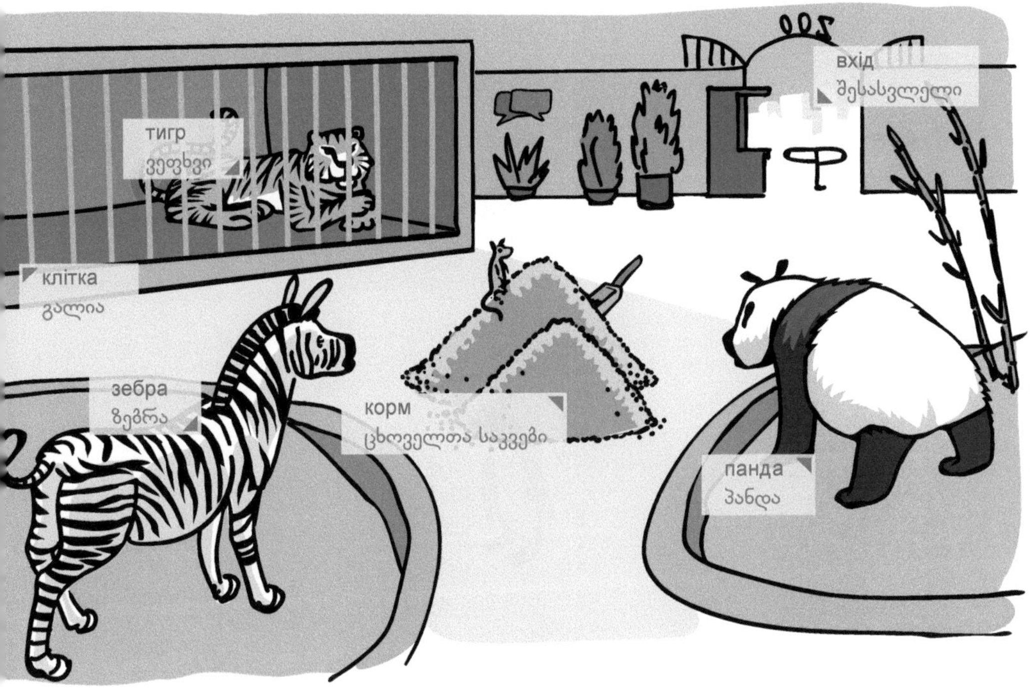

тварини

ცხოველები

слон

სპილო

кенгуру

კენგურუ

носоріг

მარტორქა

горила

გორილა

ведмідь

დათვი

верблюд

აქლემი

страус

სირაქლემა

лев

ლომი

мавпа

მაიმუნი

фламінго

ფლამინგო

папуга

თუთიყუში

білий ведмідь

პოლარული დათვი

пінгвін

პინგვინი

акула

ზვიგენი

павич

ფარშევანგი

змія

გველი

крокодил

ნიანგი

працівник зоопарку

ზოოპარკის მფლობელი

тюлень

სელაპი

ягуар

იაგუარი

поні

პონი

леопард

ლეოპარდი

гіпопотам

ბეჰემოტი

жираф

ჟირაფი

орел

არწივი

кабан

ტახი

риба

თევზი

черепаха

კუ

морж

მორჟი

лисиця

მელა

газель

გაზელი

спорт
სპორტი

американський футбол
ამერიკული ფეხბურთი
їзда на велосипеді
ველოსპორტი
теніс
ჩოგბურთი
баскетбол
კალათბურთი
плавання
ცურვა
бокс
კრივი
хокей
ყინულის ჰოკეი

футбол

ფეხბურთი

бадмінтон

ბადმინტონი

легка атлетика

მძლეოსნობა

гандбол

ხელბურთი

лижні перегони

სათხილამურო სპორტი

поло

წყლის პოლო

сміятися
დაცინვა
трибати
ადახტომა
обіймати
ჩახუტება
йти
співати
სიმღერა
мріяти
ოცნებობა
молитися
ლოცვა
цілувати
კოცნა

писати

წერა

малювати

დახატვა

показувати

ჩვენება

тиснути

დაჭერა

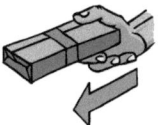

давати

მიცემა

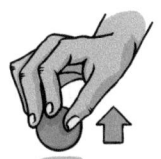

брати

აღება

мати

ქონა

робити

კეთება

бути

ყოფნა

стояти

დგომა

бігати

გარბენა

тягнути

მოქაჩვა

кидати

გადაყრა

падати

დაცემა

лежати

ტყუილის თქმა

очікувати

მოცდენა

носити

ტარება

сидіти

ჯდომა

одягати

ჩაცმა

спати

ძილი

просипатися

გაღვიძება

дивитися

დათვალიერება

плакати

ტირილი

гладити

გაუთოება

розчісувати

დავარცხნა

розмовляти

ლაპარაკი

розуміти

გაგება

питати

შეკითხვა

слухати

მოსმენა

пити

დალევა

їсти

ჭამა

прибирати

დალაგება

любити

ყვარება

варити

კერძების მზადება

їхати

სვლა

літати

ფრენა

йти під вітрилом

აფრის ქვეშ სიარული

рахувати

გამოთვლა

читати

წაკითხვა

вчитися

შესწავლა

працювати

მუშაობა

одружуватися

ქორწინება

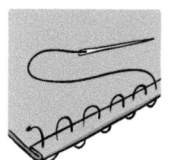

шити

კერვა

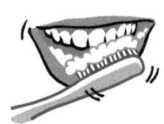

чистити зуби

კბილების ხეხვა

убивати

მოკვლა

курити

მოწევა

посилати

გაგზავნა

бабуся
ბებია
дідуся
ბაბუა
батько
მამა
мати
დედა
немовля
ბავშვი
донька
ქალიშვილი
син
ვაჟიშვილი

гість

სტუმარი

тітка

დეიდა

дядько

ბიძა

брат

ძმა

сестра

და

чоло
შუბლი
око
თვალი
обличчя
სახე
підборіддя
ნიკაპი
груди
მკერდი
палець
თითი
кисть
ხელი
рука
მკლავი
плече
მხარი
нога
ფეხი

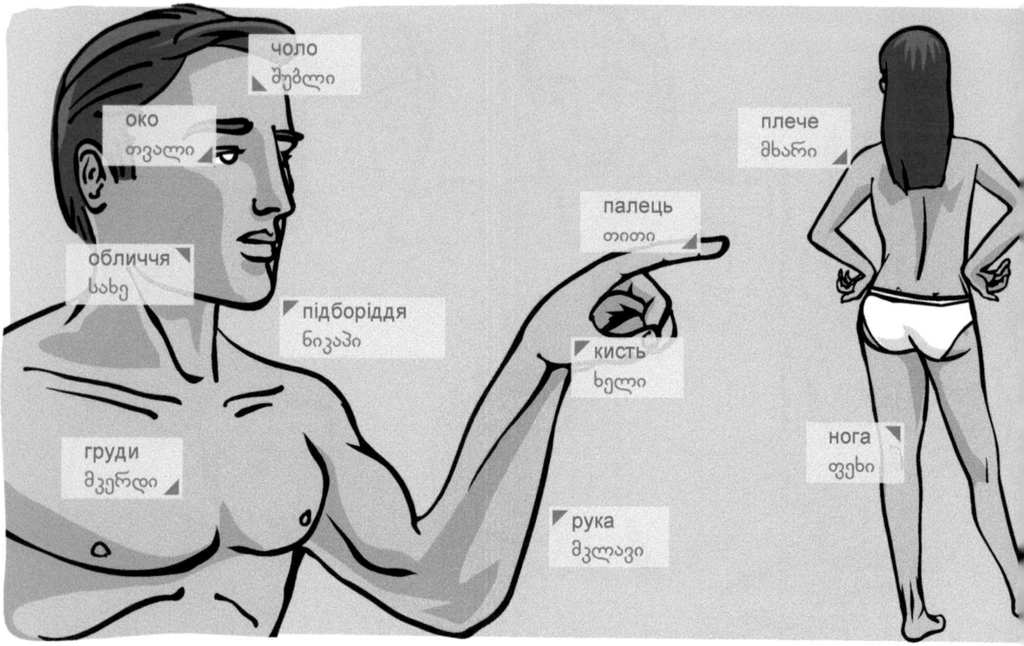

немовля

ბავშვი

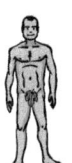

чоловік

კაცი

жінка

ქალი

дівчина

გოგო

хлопчик

ბიჭი

голова

თავი

спина

ზურგი

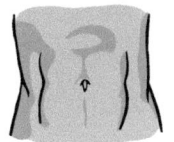

живіт

მუცელი

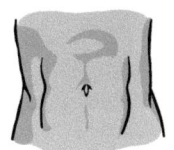

пуп

ჭიპი

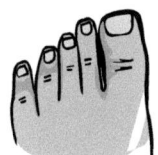

палець ноги

ფეხის თითი

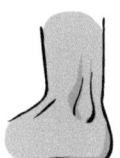

п'ята

ქუსლი

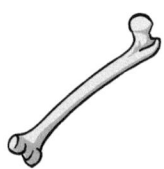

кістка

ძვალი

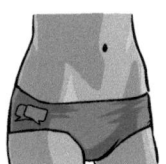

стегно

ბარძაყი

коліно

მუხლი

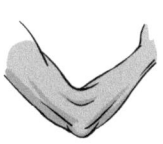

лікоть

იდაყვი

ніс

ცხვირი

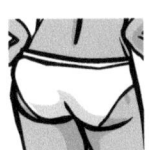

сідниці

დუნდულა

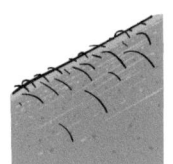

шкіра

კანი

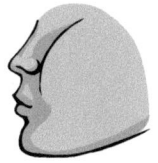

щока

ლოყა

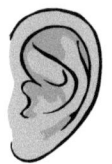

вухо

ყური

губа

ტუჩი

рот

პირი

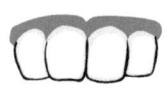

зуб

კბილი

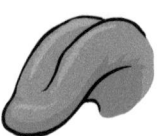

язик

ენა

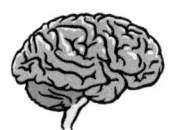

мозок

ტვინი

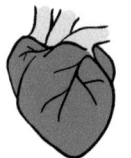

серце

გული

м'яз

კუნთი

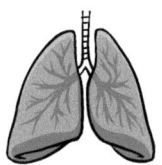

легені

ფილტვი

печінка

ღვიძლი

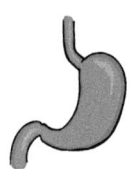

шлунок

კუჭი

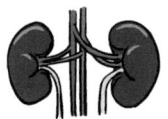

нирки

თირკმელები

статевий акт

სექსი

презерватив

პრეზერვატივი

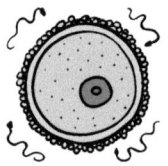

яйцеклітина

კვერცხუჯრედი

сперма

სპერმა

вагітність

ორსულობა

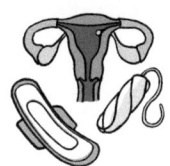

менструація

მენსტრუაცია

вагіна

საშო

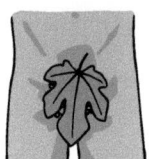

пеніс

პენისი

брова

წარბი

волосся

თმა

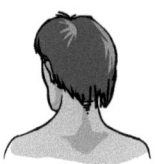

шия

კისერი

лікарня

საავადმყოფო

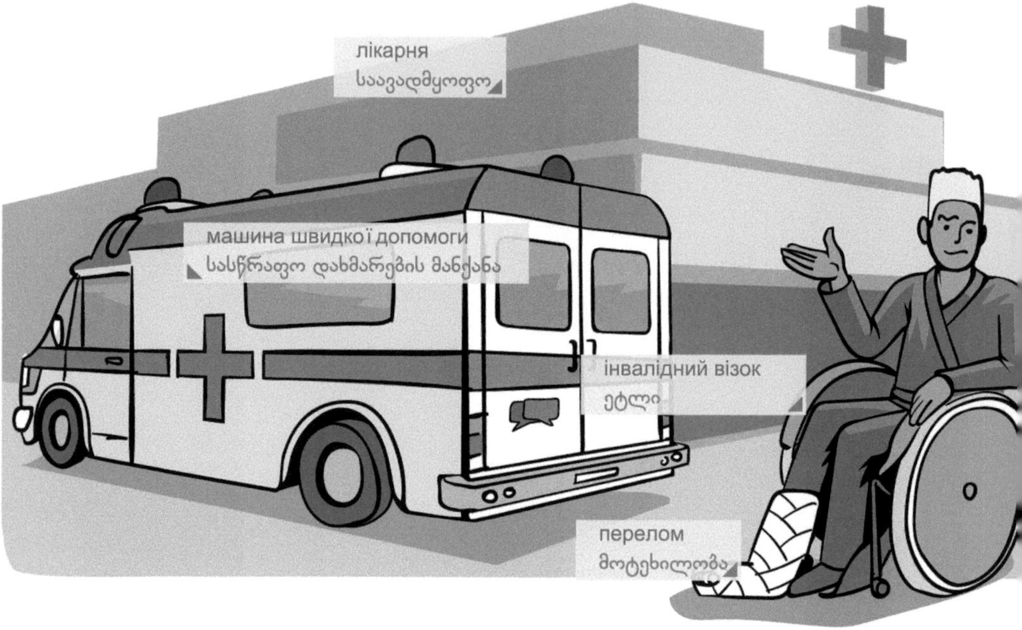

лікарня
საავადმყოფო
машина швидкої допомоги
სასწრაფო დახმარების მანქანა
інвалідний візок
ეტლი
перелом
მოტეხილობა

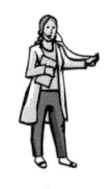

лікар

ექიმი

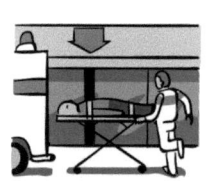

відділення швидкої медичної допомоги

პირველი დახმარების ოთახი

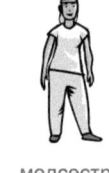

медсестра

მედდა

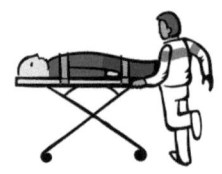

аварійний випадок

გადაუდებელი შემთხვევა

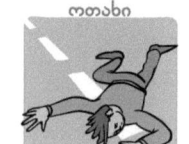

непритомний

უგონოდ მყოფი

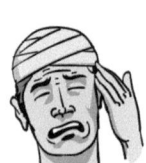

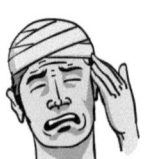

біль

ტკივილი

травма

დაზიანება

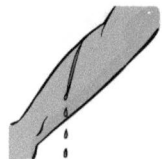

кровотеча

სისხლდენა

інфаркт

გულის შეტევა

інсульт

ინსულტი

алергія

ალერგია

кашель

ხველა

лихоманка

ცხელება

грип

გრიპი

пронос

დიარეა

головна біль

თავის ტკივილი

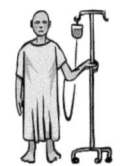

рак

კიბო

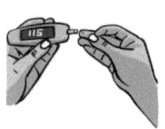

діабет

დიაბეტი

хірург

ქირურგი

скальпель

სკალპელი

операція

ოპერაცია

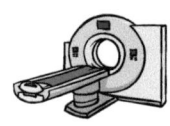

КТ

კტ

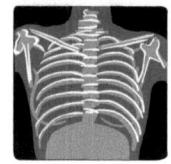

рентген

რენტგენი

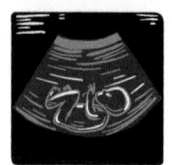

ультразвук

ულტრაბგერა

маска

ნიღაბი

хвороба

დაავადება

зал очікування

მოსაცდელი ოთახი

милиця

ყავარჯენი

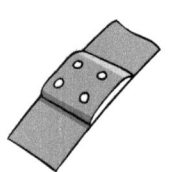

пластир

თაბაშირი

пов’язка

ბინტი

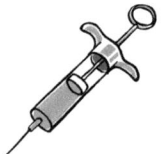

ін'єкція

ინექცია

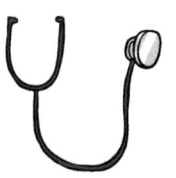

стетоскоп

სტეტოსკოპი

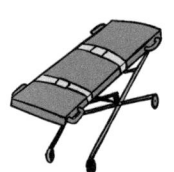

ноші

საკაცე

термометр

თერმომეტრი

народження

დაბადება

надмірна вага

ჭარბი წონა

слуховий апарат

სმენის აპარატი

дезінфікуючий засіб

სადეზინფექციო საშუალება

інфекція

ინფექცია

вірус

ვირუსი

ВІЛ / СНІД

აივ / შიდსი

медицина

წამალი

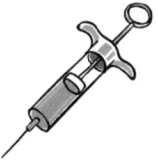

вакцинація

ვაქცინაცია

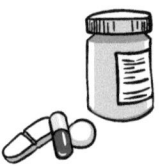

таблетки

ტაბლეტები

протизаплідна пігулка

აბი

екстрений виклик

დაუდებელი გამოძახება

тонометр

წნევის საზომი აპარატი

хворий / здоровий

ავადმყოფი / ჯანმრთელი

аварійний випадок
გადაუდებელი შემთხვევა

Допоможіть!

დამეხმარეთ!

сигнал тривоги

განგაში

напад

თავდასხმა

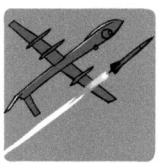

атака

შეტევა

небезпека

საფრთხე

аварійний вихід

სათადარიგო გასასვლელი

Вогонь!

ხანძარი!

вогнегасник

ცეცხლსაქრობი

аварія

უბედური შემთხვევა

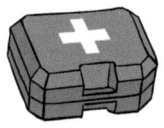

аптечка

პირველადი დახმარების აფთიაქი

СОС

SOS

поліція

პოლიცია

Європа

ევროპა

Північна Америка

ჩრდილოეთ ამერიკა

Південна Америка

სამხრეთ ამერიკა

Африка

აფრიკა

Азія

აზია

Австралія

ავსტრალია

Атлантика

ატლანტიკა

Тихий океан

წყნარი ოკეანე

Індійський океан

ინდოეთის ოკეანე

Антарктичний океан

ანტარქტიკის ოკეანე

Північний Льодовитий
океан

ჩრდილოეთის ყინულოვანი
ოკეანე

Північний полюс

ჩრდილოეთ პოლუსი

Південний полюс

სამხრეთ პოლუსი

Антарктика

ანტარქტიდა

Земля

დედამიწა

суша

ხმელეთი

море

ზღვა

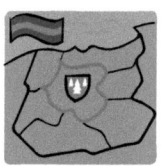

острів

კუნძული

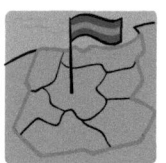

нація

ერი

держава

სახელმწიფო

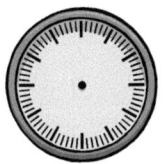

ГОДИННИК
საათი

циферблат

ციფერბლატი

годинникова стрілка

საათების ისარი

хвилинна стрілка

წუთების ისარი

секундна стрілка

წამების ისარი

Котра година?

რომელი საათია?

день

დღე

час

დრო

зараз

ახლა

цифровий годинник

ციფრული საათი

хвилина

წუთი

година

საათი

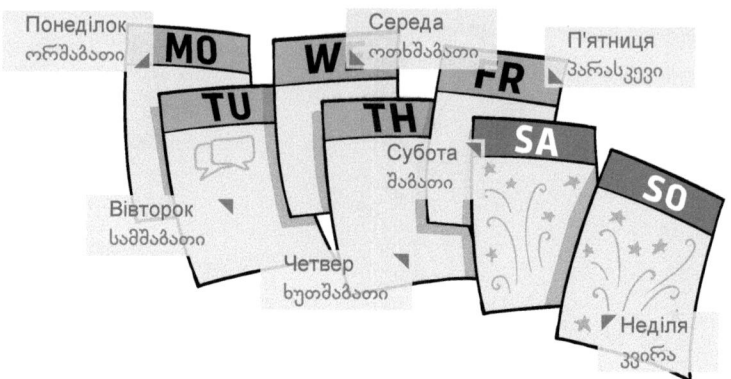

тиждень

კვირა

Понеділок
ორშაბათი
Вівторок
სამშაბათი
Середа
ოთხშაბათი
Четвер
ხუთშაბათი
П'ятниця
პარასკევი
Субота
შაბათი
Неділя

вчора

გუშინ

сьогодні

დღეს

завтра

ხვალ

ранок

დილა

опівдні

შუადღე

вечір

საღამო

робочі дні

სამუშაო დღეები

кінець робочого тижня

შაბათი-კვირა

дощ
წვიმა
веселка
ცისარტყელა
вітер
ქარი
сніг
თოვლი
весна
გაზაფხული
осінь
შემოდგომა
літо
ზაფხული
зима
ზამთარი

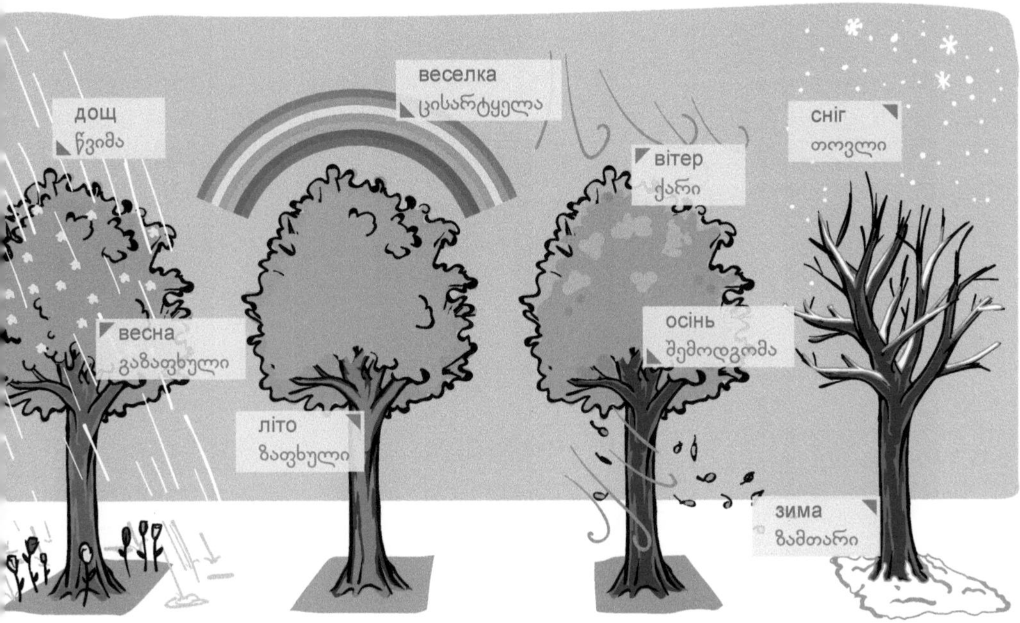

прогноз погоди

ამინდის პროგნოზი

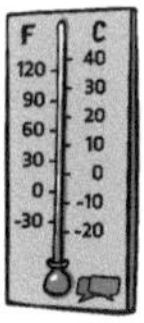

термометр

თერმომეტრი

сонячне світло

მზის სხივი

хмара

ღრუბელი

туман

ნისლი

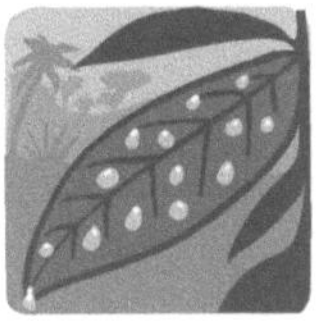

вологість повітря

ტენიანობა

блискавка

ელვა

грім

ქუხილი

шторм

შტორმი

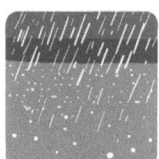

град

სეტყვა

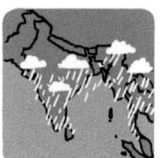

мусон

მუსონი

повінь

წყალდიდობა

лід

ყინული

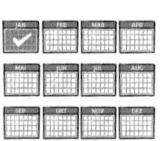

Січень

იანვარი

Лютий

თებერვალი

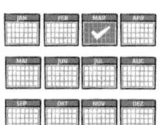

Березень

მარტი

Квітень

აპრილი

Травень

მაისი

Червень

ივნისი

Липень

ივლისი

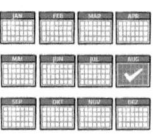

Серпень

აგვისტო

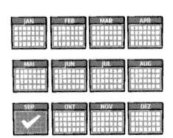

Вересень

სექტემბერი

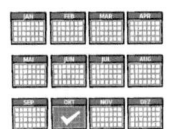

Жовтень

ოქტომბერი

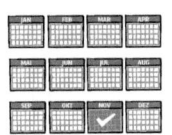

Листопад

ნოემბერი

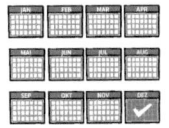

Грудень

დეკემბერი

форми
ფორმები

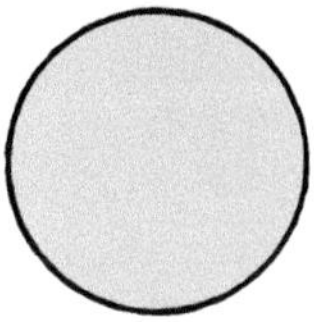

круг

წრე

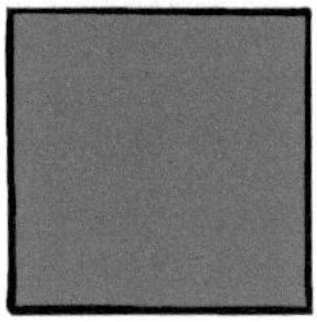

квадрат

კვადრატი

прямокутник

მართკუთხედი

трикутник

სამკუთხედი

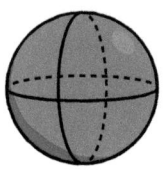

куля

სფერო

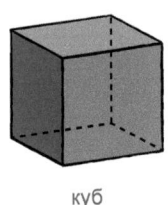

куб

კუბი

фарби

ფერები

білий

თეთრი

жовтий

ყვითელი

помаранчевий

ნარინჯისფერი

рожевий

ვარდისფერი

червоний

წითელი

фіолетовий

იისფერი

синій

ცისფერი

зелений

მწვანე

коричневий

ყავისფერი

сірий

ნაცრისფერი

чорний

შავი

багато / мало

ბევრი / ცოტა

лютий / мирний

გამრაზგებული / მშვიდი

гарний / бридкий

ლამაზი / მახინჯი

початок / кінець

ასაწყისი / დასასრული

великий / малий

დიდი / პატარა

світлий / темний

ნათელი / მუქი

брат / сестра

ძმა / და

чистий / брудний

სუფთა / ჭუჭყიანი

завершений /
незавершений

სრული / არასრული

день / ніч

დღე / ღამე

мертвий / живий

მკვდარი / ცოცხალი

широкий / вузький

განიერი / ვიწრო

їстівний / неїстівний

საჭმელად ვარგისი /
საჭმელად უვარგისი

злий / дружній

ბოროტი / კეთილი

збуджений / нудьгуючий

შთამბეჭდავი / მოსაწყენი

товстий / тонкий

სქელი / თხელი

спочатку / востаннє

პირველი / ბოლო

друг / ворог

მეგობარი / მტერი

повний / порожній

სრული / ცარიელი

жорсткий / м'який

მყარი / რბილი

важкий / легкий

მძიმე / მსუბუქი

голод / спрага

მოშიებული / მწყურვალე

хворий / здоровий

ავადმყოფი / ჯანმრთელი

незаконний / законний

არალეგალური /
ლეგალური

розумний / дурний

ინტელექტუალი / სულელი

вліво / вправо

მარცხენა / მარჯვენა

поруч / далеко

ახლოს / შორს

овий / використаний

ალი / გამოყენებული

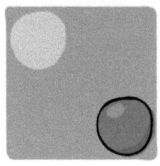

нічого / щось

არაფერი / რაღაცა

старий / молодий

მოხუცი / ახალგაზრდა

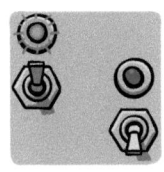

вкл / викл

ართვა / გამორთვა

відкрито / закрито

ღია / დახურული

тихо / гучно

ჩუმი / ხმამაღალი

багатий / бідний

მდიდარი / ღარიბი

правильно / неправильно

მართალი / მტყუანი

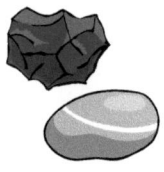

шорсткий / гладкий

უხეში / გლუვი

сумний / щасливий

ევდიანი / ბედნიერი

короткий / довгий

მოკლე / გრძელი

повільно / швидко

ნელი / სწრაფი

вологий / сухий

სველი / მშრალი

гарячий / холодний

თბილი / გრილი

війна / мир

ომი / მშვიდობა

числа
რიცხვები

0

нуль

ნული

1

один

ერთი

2

два

ორი

3

три

სამი

4

чотири

ოთხი

5

п'ять

ხუთი

6

шість

ექვსი

7

сім

შვიდი

8

вісім

რვა

9

дев'ять

ცხრა

10

десять

ათი

11

одинадцять

თერთმეტი

12
дванадцять
თორმეტი

13
тринадцять
ცამეტი

14
чотирнадцять
თოთხმეტი

15
п'ятнадцять
თხუთმეტი

16
шістнадцять
თექვსმეტი

17
сімнадцять
ჩვიდმეტი

18
вісімнадцять
თვრამეტი

19
дев'ятнадцять
ცხრამეტი

20
двадцять
ოცი

100
сто
ასი

1.000
тисяча
ათასი

1.000.000
мільйон
მილიონი

МОВИ
ენები

англійська
....
ინგლისური

американська англійська
....
ამერიკული ინგლისური

китайська високочиновницька
....
ჩინური მანდარინი

хінді
....
ჰინდი

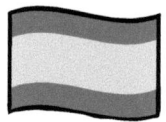

іспанська
....
ესპანური

французька
....
ფრანგული

арабська
....
არაბული

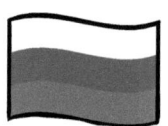

російська
....
რუსული

португальська
....
პორტუგალიური

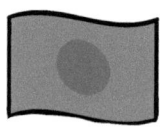

бенгальська
....
ბენგალური

німецька
....
გერმანული

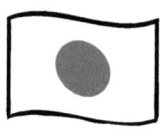

японська
....
იაპონური

хто / що / як
ვინ / რა / როგორ

я

მე

ти

შენ

він / вона / воно

ის / ის / იგი

ми

ჩვენ

ви

თქვენ

вони

ისინი

хто?

ვინ?

що?

რა?

як?

როგორ?

де?

სად?

коли?

როდის?

ім'я

სახელი

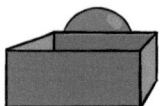

де
სად

ззаду

უკან

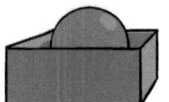

в

შიგნით

перед

წინ

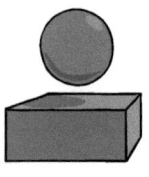

над

ზედ

на

=-ზე

під

ქვეშ

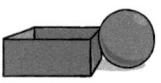

біля

გვერდით

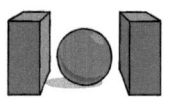

між

შორის

місце

ადგილი